考える **力**を**伸**ばす！

アインシュタイン式

子どもの

新装版

論理脳ドリル

アインシュタイン研究会／編

実業之日本社

はじめに ～"考える力"を伸ばす～
Albert Einstein

【"知識"と"知識を活かす能力"を身につけよう】

「想像力は、知識よりも大切だ。知識には限界がある。想像力は世界を包み込む」―アルベルト・アインシュタイン

知識とは過去に起こった事実や解明された謎、誰かが発明した方法や発見したことを認識し、自分のものにすることといえます。多くの知識を身につけておけば、それはいろいろな場面で役立つでしょう。知識を得るには自分で体験すること、教育を受けるなどの方法があります。多くの体験を重ねることが大切ですが、限界があります。そこで教育によって知識を得ようと多くの子どもたちが頑張っているのです。ただアインシュタイン博士は、知識よりも想像力が大切だ、と言っています。もちろん知識は数多く持っているのに越したことはないのですが、身につけた知識を活かすためには、考える力が重要だというのです。さらにアインシュタイン博士は次のようなことも言っています。

「学校で学んだことを一切忘れてしまったときになお残っているもの、それこそが教育だ。そして、その力を社会が直面する諸問題の解決に役立たせるべく自ら考え行動できる人間を作ること、それが教育の目的といえよう」―アルベルト・アインシュタイン

知識とはすでに認識されているものです。子どもたちが大人になり社会に出たとき、以前と同じ状況ならば身につけた知識をそのまま活かすことができるでしょう。ただ、めまぐるしく動く世の中では、得た知識をそのまま活用する場面はそれほど多くなくなってしまうかもしれません。そんなとき、「考える力=想像力」が大切になってきます。某名門大学の入試問題でも、知識を試すものではなく、考える力を試す問題が出題され、話題になりました。「これからの社会は考える能力が必要不可欠だ」とその大学が考えたからのようです。

本書の特長は、掲載された問題を解くことにより論理的に考える力を自然と身につけられるところです。まさに現代社会に必要な力を身につけ、さらにはその力を伸ばすことができるのです。

お子さんが本書によって身につけた多くの知識を活かすことができたなら、これに勝る喜びはありません。

※本書は小学1年生～6年生向けですが、親子で取り組めば5歳から楽しめます。

Index もくじ

【本書の遊び方】

下記のようにして、答えを導き出します。

問題 **0** メロンを好きなのはどこの国の人？

月　日

▲ここには、問題を解いた日にちを書き入れるんじゃよ。

チェック　ヒント

- □ ① スイス人はバナナ好き
- □ ② 赤の家は緑の家の左どなり
- □ ③ ドイツ人は真ん中
- □ ④ マンゴー好きはバナナ好きのとなり
- □ ⑤ イギリス人は紫の家
- □ ⑥ 緑の家は端

0	左	真ん中	右
国籍			
好きなフルーツ			
家の色			

まず、ヒント③よりドイツ人を真ん中の枠に入れます（枠の中には色字の部分のみ入れます）。

1	左	真ん中	右
国籍		ドイツ	
好きなフルーツ			
家の色			

次に、ヒント⑥とヒント②を連動させて考えます。ヒント⑥より緑の家は右端か左端に入ることがわかります。ヒント②より緑の家の左どなりに赤の家があることがわかります。緑の家が左端にあると、赤の家が入りません。そこで、緑の家を右端に、赤の家を真ん中に入れます。

2	左	真ん中	右
国籍		ドイツ	
好きなフルーツ			
家の色		赤	緑

004

次に、ヒント⑤を使います。紫の家が入る枠は左端しかありません。そこで左端に紫の家とイギリス人を入れます。

3	左	真ん中	右
国籍	イギリス	ドイツ	
好きなフルーツ			
家の色	紫	赤	緑

次に、ヒント①を使います。スイス人が入る枠は右端しかありません。そこで右端にスイス人とバナナを入れます。

4	左	真ん中	右
国籍	イギリス	ドイツ	スイス
好きなフルーツ			バナナ
家の色	紫	赤	緑

次に、ヒント④を使います。バナナのとなりは真ん中の枠になります。そこで真ん中にマンゴーを入れます。

5	左	真ん中	右
国籍	イギリス	ドイツ	スイス
好きなフルーツ		マンゴー	バナナ
家の色	紫	赤	緑

最後は、問題文に注目します。メロンが入る枠は左端しかありません。そこで左端にメロンを入れます。

6	左	真ん中	右
国籍	イギリス	ドイツ	スイス
好きなフルーツ	メロン	マンゴー	バナナ
家の色	紫	赤	緑

以上の結果から、答えは【イギリス】ということになります。

【本書の注意点】

本書の問題を解くにあたり、下記の注意点を読んでください。

★ 枠の中に入るワードはすべて異なります。1つの問題で、同じワードが2つ以上の枠の中に入ることはありません。

★ ヒントの中の色字で書かれているワードは、必ず表のいずれかの枠の中に入ります。

★ ヒントを使う順番は、ヒントの番号とは異なります。また、ヒントの使い方によっては、すべてのヒントを使う前に答えが出る可能性もあります。

★ ヒントを使ったあと、ヒントの番号の左横にあるチェック欄（□）にチェックを入れると、使ったヒント、まだ使っていないヒントを区別できます。

★ ステップ8（九州・沖縄地方に住んでいるお友達編）では問題を解く過程で計算を必要とします。その計算によって出した【値段】の高い物ほど、枠のより左側に入る設定になっています。

Step
ステップ

1

<ruby>北<rt>ほっ</rt></ruby><ruby>海<rt>かい</rt></ruby><ruby>道<rt>どう</rt></ruby><ruby>地<rt>ち</rt></ruby><ruby>方<rt>ほう</rt></ruby>に<ruby>住<rt>す</rt></ruby>んでいるお<ruby>友<rt>とも</rt></ruby><ruby>達<rt>だち</rt></ruby><ruby>編<rt>へん</rt></ruby>

問題 1 青を好きな人はだれ？

月　日

チェック　ヒント

□ ① 函館に住んでいる人は左にいる

□ ② 札幌に住んでいる人は右にいる

□ ③ 室蘭に住んでいるのはれんちゃん

□ ④ みわちゃんは左にいる

□ ⑤ 緑を好きなのははるなちゃん

□ ⑥ 白を好きな人は緑を好きな人のとなり

函館

まずはヒント①と②を使ってみるんじゃ。
ヒント③の地名は読み方がちょっと難しいが、「むろらん」と読むんじゃぞ。

1	左(ひだり)	真ん中(まなか)	右(みぎ)
名前(なまえ) 			
好きな色(すきないろ) 			
住んでいる街(すんでいるまち) 			

答(こた)え _____

メ モ　問題(もんだい)を解(と)くときに使(つか)ってね

問題 **2** じょうくんの
好きなお菓子は？

月　日

チェック　ヒント

☐ ① チョコを好きな人はエクレアを好きな人の左どなり

☐ ② クッキーを好きな人は右にいる

☐ ③ エクレアを好きな人は根室に住んでいる

☐ ④ 帯広に住んでいる人は根室に住んでいる人の右どなり

☐ ⑤ がくくんは稚内に住んでいる

☐ ⑥ たいがくんはがくくんのとなり

稚内

ヒントは①から順番に使っていくとはかぎらないぞ。この問題では、まずは②から使ってみるんじゃ。

2	左 (ひだり)	真ん中 (ま なか)	右 (みぎ)
名前 (な まえ)			
好きなお菓子 (す) (か し)			
住んでいる街 (す) (まち)			

答え
(こた)

メモ　問題を解くときに使ってね
(もんだい) (と) (つか)

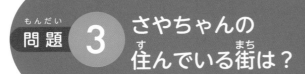
問題 3 さやちゃんの住んでいる街は？

月　日

チェック　ヒント

- ① 釧路に住んでいる人は左にいる
- ② バナナを好きな人は小樽に住んでいる
- ③ マンゴーを好きな人は真ん中にいる
- ④ 旭川に住んでいるのはももかちゃん
- ⑤ メロンを好きなのはまるちゃん

釧路

日本には47の都道府県があるんじゃが、「道」が付くのは北海道だけなんじゃよ。

3	左 ひだり	真ん中 ま なか	右 みぎ
名前 な まえ 			
好きなフルーツ  す			
住んでいる街 す まち 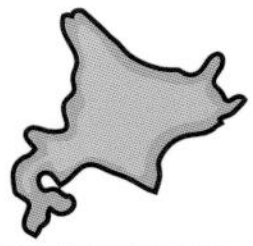			

答え
こた

メモ　問題を解くときに使ってね
もんだい と つか

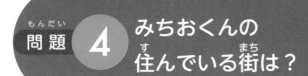

問題 **4** みちおくんの
住んでいる街は？

月　日

チェック　ヒント

☐ ① ウマを好きな人はせいじくんのとなり

☐ ② 苫小牧に住んでいる人は右にいる

☐ ③ キリンを好きな人は右にいる

☐ ④ ラクダを好きな人は真ん中にいる

☐ ⑤ ようすけくんは江別に住んでいる人の右どなり

☐ ⑥ 江別に住んでいる人は北見に住んでいる人のとなり

苫小牧

北海道は日本海、太平洋、オホーツク海
の3つの海に囲まれているんじゃ。わしは
海の幸が大好物なんじゃよ！

④	左 ひだり	真ん中 ま　なか	右 みぎ
名前 な　まえ			
好きな動物 す　　どうぶつ			
住んでいる街 す　　　　まち			

答え
こた

メモ　問題を解くときに使ってね
もんだい　と　　　　　つか

迷路①

迷路の問題じゃ。

スタートから出発してゴールまでたどり着いてくれい。

ただし、次の3つのルールがあるんじゃ。

①同じ道は通らないこと。

②じゃんけんマークは必ず「グー」→「チョキ」→「パー」→「グー」…の順番で通ること。

③すべてのじゃんけんマークを通ること。

さぁ、みんなはうまくゴールまでたどり着けるかの？

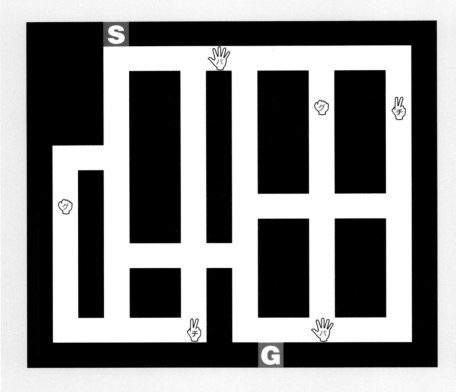

S → スタート

G → ゴール

グ → グー

チ → チョキ

パ → パー

解答は104ページへ

Step ステップ 2

<ruby>東北<rt>とうほく</rt></ruby><ruby>地方<rt>ちほう</rt></ruby>に<ruby>住<rt>す</rt></ruby>んでいるお<ruby>友達<rt>ともだち</rt></ruby><ruby>編<rt>へん</rt></ruby>

問題 5 れいちゃんの 住んでいる街は？

月　日

チェック　ヒント

□ ① スズランを好きな人はパンジーを好きな人の2つ左

□ ② ヒマワリを好きな人はれいちゃんの左どなり

□ ③ よしみちゃんはれいちゃんのとなり

□ ④ あいりちゃんは郡山に住んでいる

□ ⑤ 能代に住んでいる人は青森に住んでいる人の左どなり

青森と北海道の間には海があるんじゃが、
海の中を通る「海底トンネル」があって、
電車で渡れるようになってるんじゃ。

5	左 <small>ひだり</small>	真ん中 <small>ま　なか</small>	右 <small>みぎ</small>
名前 <small>な まえ</small>			
好きな花 <small>す　　はな</small>			
住んでいる街 <small>す　　　　　まち</small>			

答え
<small>こた</small>

メモ　問題を解くときに使ってね
<small>もんだい　と　　　　　　つか</small>

問題 **6** 仙台に住んでいる人はだれ？

月　日

| チェック | ヒント |

- ☐ ① バッタを好きな人は遠野に住んでいる
- ☐ ② まさおくんは山形に住んでいる
- ☐ ③ キリギリスを好きな人はかずしくんの2つ左
- ☐ ④ コオロギを好きなのはそうたくん

北海道の道庁所在地は札幌、宮城は仙台、岩手は盛岡。都道府県名と都道府県庁所在地名が違うのは全部で18地域じゃ。

6	左 ひだり	真ん中 ま　なか	右 みぎ
名前 な　まえ			
好きな虫 す　　　むし			
住んでいる街 す　　　　　　　まち			

答え
こた

メ モ	問題を解くときに使ってね もんだい　と　　　　　　　つか

東北地方に住んでいるお友達編

問題 7 米沢に住んでいる人はだれ？

月　　日

チェック　ヒント

☐ ① ブローチを好きな人は福島に住んでいる人の左どなり

☐ ② みおちゃんは盛岡に住んでいる人のとなり

☐ ③ ティアラを好きな人はまきちゃんの2つ右

☐ ④ ネックレスを好きな人はしずかちゃんの2つとなり

米沢は世界中でおいしいと言われている米沢牛で有名な場所じゃ。一度は食べてみたいのう。

022

7	左 ひだり	真ん中 ま なか	右 みぎ
名前 な まえ 			
好きなアクセサリー  す			
住んでいる街  す まち			

答え
こた

メモ　問題を解くときに使ってね
もんだい と つか

問題 8 トラックを好きな人はだれ？

月 日

チェック ヒント

- □ ① バスを好きな人はトラックを好きな人の右どなり
- □ ② じゅんくんは弘前に住んでいる人の左どなり
- □ ③ たくやくんは石巻に住んでいる人のとなり
- □ ④ タクシーを好きなのはけんごくん
- □ ⑤ 秋田に住んでいる人は右にいる

秋田では納豆に砂糖を入れて食べるらしいんじゃ。みんなも試してみるといいかもしれんぞい。

8	左 ひだり	真ん中 ま なか	右 みぎ
名前 な まえ 			
好きな車  す くるま			
住んでいる街 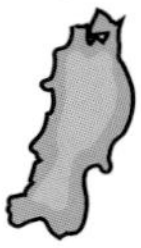 す まち			

答え
こた

メモ 問題を解くときに使ってね
もんだい と つか

ここに4枚のお皿がある。4つとも古いお皿でのう。それぞれ奈良時代、平安時代、鎌倉時代、室町時代に作られたものだそうじゃ。どのお皿がどの時代に作られたものか調べるために、わしが時代識別マシンを発明したんじゃ。このマシンの上に置くと、作られた時代と一致するお皿の数を教えてくれるんじゃ。ただし、マシンを使えるのは数回だけ。その結果から、それぞれのお皿の作られた時代を当ててくれい。

《例》	奈良時代	平安時代	鎌倉時代	室町時代	一致した数
①	ア	エ	イ	ウ	0枚
②	ア	エ	ウ	イ	2枚

《解き方》

①を見るとすべて間違っているようじゃ。ところが②は2枚のお皿が作られた時代と一致しているのう。そこで①の置き方と②の置き方を比べてみてくれい。アとエは同じじゃろ。アとエは①で間違っていることがわかる。つまり②で一致している2枚はウとイということになるんじゃ。そして、②で間違っているアとエの2枚を入れ替える。正解は、エ、ア、ウ、イという並び方になるんじゃ。

では、問題じゃ。4つの茶碗の時代を当ててほしいんじゃ。マシンの結果2つを参考にしてくれい。

問題	奈良時代	平安時代	鎌倉時代	室町時代	一致した数
①	カ	ク	ケ	キ	0個
②	カ	ケ	ク	キ	2個

解答欄	奈良時代	平安時代	鎌倉時代	室町時代

解答は 104 ページへ

関東地方に住んでいるお友達編

Step
ステップ

3

問題 **9** りえちゃんの住んでいる街は？

月　日

チェック　ヒント

- ① テニスを好きな人はラグビーを好きな人のとなり
- ② ラグビーを好きな人は右端にいる
- ③ サッカーを好きな人はわかちゃんのとなり
- ④ 水戸に住んでいる人は千葉に住んでいる人の右どなり
- ⑤ 宇都宮に住んでいる人はいりあちゃんの右どなり
- ⑥ くみちゃんはさいたまに住んでいる人のとなり
- ⑦ ゴルフを好きな人はりえちゃんの右どなり

さいたま市は4つの市がいっしょになってできたんじゃ。親しみやすいという理由でひらがなになったんじゃよ。

9	左 ひだり	ー	ー	右 みぎ
名前 な まえ				
好きなスポーツ す				
住んでいる街 す　　　　まち				

答 え
こた

メ モ 問題を解くときに使ってね
もんだい と つか

問題 10 浦安に住んでいる人はだれ？

月 日

チェック ヒント

- □ ① よしとくんはまさきくんの左どなり
- □ ② のこぎりを好きなのはけんたくん
- □ ③ かんなを好きな人はかなづちを好きな人の2つ左
- □ ④ 横浜に住んでいる人は鹿嶋に住んでいる人の左どなり
- □ ⑤ じろうくんは左から2番目にいる
- □ ⑥ のみを好きな人は新宿に住んでいる

都庁が近くにある新宿駅は、電車を乗り降りするお客さんの数が世界で一番多い駅としてギネス記録になってるんじゃ。

10	左 ひだり	ー	ー	右 みぎ
名前 な まえ				
好きな す 大工道具 だい く どう ぐ				
住んでいる街 す　　　　　まち				

答え
こた

メモ　問題を解くときに使ってね
もんだい　と　　　　　つか

問題 **11** 渋谷に住んでいる人はだれ？

月　日

チェック　ヒント

- ① 夏を好きなのは**すず**ちゃん
- ② **柏**に住んでいる人は**前橋**に住んでいる人の2つ右
- ③ **まさみ**ちゃんは**たえ**ちゃんの2つ右
- ④ 冬を好きな人は春を好きな人の2つ左
- ⑤ 秋を好きな人は右から2番目にいる
- ⑥ **ひみこ**ちゃんは**川崎**に住んでいる

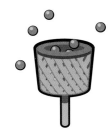

栃木は宇都宮、群馬は前橋、茨城は水戸、東京は新宿、神奈川は横浜が都道府県庁所在地じゃ。

11	左 ひだり	ー	ー	右 みぎ
名前 なまえ 				
好きな季節 すきなきせつ 				
住んでいる街 すんでいるまち 				

答え こた _____

メモ 問題を解くときに使ってね もんだい と つか

問題 **12** 春日部に住んでいる人はだれ？

月　日

チェック　ヒント

□ ① エビを好きな人はたくまくんの2つ右

□ ② タマゴを好きな人は日光に住んでいる

□ ③ げんくんは鎌倉に住んでいる人の左どなり

□ ④ イクラを好きなのはこうきくん

□ ⑤ マグロを好きな人は右端にいる

□ ⑥ さぶろうくんは高崎に住んでいる人のとなり

関東地方というと、なんとなく都会のイメージじゃが、実は全国の中で最も野菜を多く作っている地域なんじゃよ。

12	左 ひだり	―	―	右 みぎ
名前 なまえ				
好きなお寿司 す し				
住んでいる街 す まち				

答 え こた _____

メ モ 問題を解くときに使ってね もんだい と つか

迷路②

ここでも迷路の問題を出すぞい。

3つのルールは同じじゃが、もう一度、確認しておくかの。

①同じ道は通らないこと。

②じゃんけんマークは必ず「グー」→「チョキ」→「パー」→「グー」…の順番で通ること。

③じゃんけんマークをすべて通ること。

では、うまくゴールまで到達してくれい！

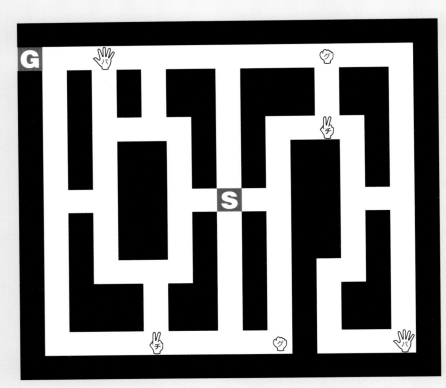

S → スタート
G → ゴール
グ → グー
チ → チョキ
パ → パー

解答は 105 ページへ

中部地方に住んでいるお友達編

Step
ステップ

4

問題 **13** 身長が140cmの人はだれ？

月　日

チェック　ヒント

☐ ① さえこちゃんは加賀に住んでいる

☐ ② めぐちゃんはまやちゃんの左どなり

☐ ③ 熱海に住んでいる人はひかるちゃんの3つとなり

☐ ④ 170cmの人は甲府に住んでいる人の右どなり

☐ ⑤ めぐちゃんは端にいる

☐ ⑥ 150cmの人は端にいる

☐ ⑦ 160cmの人は新潟に住んでいる

この問題は少しばかり難しいようじゃのう。まずはヒント②と⑤をいっしょに考えるといいかもしれないぞい。

13	左 <small>ひだり</small>	ー	ー	右 <small>みぎ</small>
名前 <small>な まえ</small>				
身長 <small>しんちょう</small>				
住んでいる街 <small>す</small> <small>まち</small>				

答 え
<small>こた</small>

メ モ　問題を解くときに使ってね
<small>もんだい</small> <small>と</small> <small>つか</small>

問題 14 敦賀に住んでいる人はだれ？

月　日

チェック　ヒント

- [ ] ① A型の人とB型の人は端にいる
- [ ] ② かずきくんは○型の人の2つ右
- [ ] ③ AB型の人はA型の人のとなり
- [ ] ④ あきひこくんはB型の人のとなり
- [ ] ⑤ ひさやくんは富山に住んでいる人のとなり
- [ ] ⑥ みちおくんは名古屋に住んでいる人の3つとなり
- [ ] ⑦ 長野に住んでいる人は名古屋に住んでいる人のとなり

この問題はヒント①と②と③の3つのヒントをいっしょに考えるんじゃ。そうすれば答えが見えてくるぞい!!

14	左 ひだり	ー	ー	右 みぎ
名前 な まえ				
血液型 けつえきがた A				
住んでいる街 す まち				

答え
こた え

メ モ　問題を解くときに使ってね
もんだい と つか

問題 **15** まりこちゃんの
生まれた月は？

月　日

チェック　ヒント

- ① 4月生まれの人は2月生まれの人の右どなり
- ② 12月生まれの人は韮崎に住んでいる
- ③ 2月生まれの人と8月生まれの人は端にいる
- ④ かなちゃんは福井に住んでいる人の2つ左
- ⑤ しほちゃんは岐阜に住んでいる
- ⑥ らんちゃんは佐渡に住んでいる人のとなり

日本の人口重心が岐阜にあることから、岐阜は「日本のへそ」と呼ばれているんじゃ。

15	左 ひだり	ー	ー	右 みぎ
名前 な まえ				
生まれた月 う つき				
住んでいる街 す まち				

答え
こた

メモ 問題を解くときに使ってね
もんだい と つか

問題 **16** 豊田に住んでいる人はだれ？

月　日

チェック　ヒント

- ☐ ① たくみくんは23cmの靴の人の右どなり
- ☐ ② れいじくんは26cmの靴の人のとなり
- ☐ ③ かんじくんは25cmの靴の人の3つ右
- ☐ ④ 上田に住んでいる人は金沢に住んでいる人のとなり
- ☐ ⑤ こうぞうくんは静岡に住んでいる人のとなり
- ☐ ⑥ 24cmの靴の人は金沢に住んでいる人のとなり

石川は金沢、山梨は甲府、愛知は名古屋が県庁所在地じゃ。「名古屋県」というものはないから気をつけるんじゃぞ。

16	左(ひだり)	ー	ー	右(みぎ)
名前(なまえ)				
靴(くつ)のサイズ				
住(す)んでいる街(まち)				

答(こた)え _____

メモ 問題(もんだい)を解(と)くときに使(つか)ってね

また時代識別マシンの問題じゃ。

次の４つの壺の時代を当ててくれい。

もちろんマシンの結果を参考にするのじゃよ。

問題	奈良時代	平安時代	鎌倉時代	室町時代	一致した数
①	シ	サ	ス	セ	0個
②	ス	シ	セ	サ	0個
③	セ	ス	サ	シ	0個

解答欄	奈良時代	平安時代	鎌倉時代	室町時代

解答は 105 ページへ

近畿地方に住んでいるお友達編

Step
ステップ

5

問題 17 宝塚に住んでいる人はだれ？

月 日

チェック ヒント

☐ ① うお座を好きな人はまおちゃんの2つとなり

☐ ② いて座を好きな人はおうし座を好きな人の3つ右

☐ ③ かに座を好きな人はすみちゃんの左どなり

☐ ④ ゆうこちゃんはもえみちゃんの右どなり

☐ ⑤ 吹田に住んでいる人は端にいる

☐ ⑥ おとめ座を好きな人は左から2番目にいる

☐ ⑦ 京都に住んでいる人はてつこちゃんの3つとなり

☐ ⑧ 生駒に住んでいる人は津に住んでいる人の3つ左

兵庫には「甲子園球場」があるんじゃ。
全国の野球少年の憧れの場所じゃのう。

17	左 ひだり	ー	真ん中 まなか	ー	右 みぎ
名前 なまえ					
好きな星座 すきなせいざ					
住んでいる街 すんでいるまち					

答え こた _____

メモ　問題を解くときに使ってね もんだい と つか

問題 18 すねおくんの住んでいる街は？

月　日

チェック　ヒント

- ☐ ① カスタネットを好きな人は鳥羽に住んでいる人のとなり
- ☐ ② ようじくんは奈良に住んでいる人の右どなり
- ☐ ③ ピアノを好きな人は大津に住んでいる人の左どなり
- ☐ ④ タンバリンを好きな人は真ん中にいる
- ☐ ⑤ いちろうくんは和歌山に住んでいる
- ☐ ⑥ すねおくんはちはるくんより右
- ☐ ⑦ ハープを好きな人はフルートを好きな人の2つ右
- ☐ ⑧ ごんぞうくんは宇治に住んでいる人の3つ左

兵庫は神戸、三重は津、滋賀は大津が県庁所在地じゃ。津と大津はちょっとまぎらわしいのう。

18	左（ひだり）	ー	真ん中（まなか）	ー	右（みぎ）
名前（なまえ）					
好きな楽器（すきながっき）					
住んでいる街（すんでいるまち）					

答（こた）え _____

メモ 問題（もんだい）を解（と）くときに使（つか）ってね

051

問題 19 彦根に住んでいる人はだれ？

月　日

チェック　ヒント

- ☐ ① 算数を好きな人はともみちゃんの2つ左
- ☐ ② 音楽を好きな人はともみちゃんの2つ右
- ☐ ③ 理科を好きな人はゆうかちゃんのとなり
- ☐ ④ 社会を好きな人はあつこちゃんの3つ右
- ☐ ⑤ 彦根に住んでいる人は神戸に住んでいる人の右どなり
- ☐ ⑥ 国語を好きなのはひなちゃん
- ☐ ⑦ 大阪に住んでいる人は伊勢に住んでいる人の2つ左
- ☐ ⑧ まゆちゃんは新宮に住んでいる人の3つとなり

この問題ははじめが難しいようじゃの。
ともみちゃんが出てくるヒント①と②を
いっしょに考えるといいかもしれんぞ。

19	左 ひだり	－	真ん中 ま なか	－	右 みぎ
名前 な まえ					
好きな勉強 す べんきょう					
住んでいる街 す まち					

答え
こた

メモ 問題を解くときに使ってね
もんだい と つか

問題 20 のびたくんの好きな曜日は？

月　日

チェック　ヒント

- ☐ ① なみへいくんは堺に住んでいる人の3つ左
- ☐ ② きたろうくんは舞鶴に住んでいる人のとなり
- ☐ ③ ちあきくんは海南に住んでいる人の3つとなり
- ☐ ④ 土曜を好きな人は金曜を好きな人の3つ左
- ☐ ⑤ 水曜を好きな人は甲賀に住んでいる人の3つとなり
- ☐ ⑥ こうじくんはちあきくんのとなり
- ☐ ⑦ 月曜を好きな人は金曜を好きな人の右どなり
- ☐ ⑧ 日曜を好きな人は淡路に住んでいる人の2つとなり

曜日

甲賀は昔、忍者がいたとされているんじゃ。忍術も地名も「こうが」ではなく、「こうか」と読むんじゃ。

20	左 ひだり	－	真ん中 まなか	－	右 みぎ
名前 なまえ					
好きな曜日 すようび					
住んでいる街 すまち					

答え こた

メモ　問題を解くときに使ってね もんだい と つか

迷路 ③

またまた迷路の問題じゃが、
今度はちょっぴり難しいぞい！
ルールはこれまでと同じじゃ。

がんばってゴールするんじゃぞ！

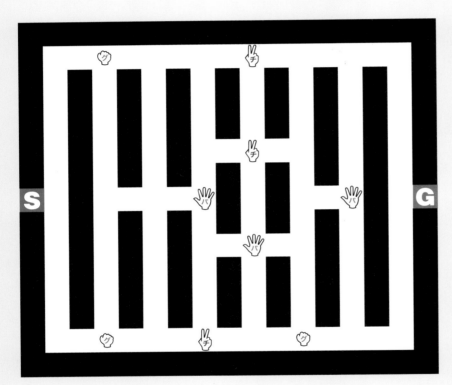

S → スタート
G → ゴール
グ → グー
チ → チョキ
パ → パー

解答は 106 ページへ

中国地方に住んでいるお友達編

6 Step ステップ

問題
もんだい
21
みなみちゃんの
住んでいる街は？
す　　　　まち

月　日
がつ　にち

チェック　ヒント

- □ ① 笙を好きな人は鳥取に住んでいる人の2つ右
  しょう　す　ひと　とっとり　す　ひと　みぎ

- □ ② 尺八を好きな人は安来に住んでいる
  しゃくはち　す　ひと　やすぎ　す

- □ ③ 三味線を好きな人は右端にいる
  しゃみせん　す　ひと　みぎはし

- □ ④ 太鼓を好きなのはゆりちゃん
  たいこ　す

- □ ⑤ みさとちゃんははるかちゃんの左どなり
  ひだり

- □ ⑥ 瀬戸内に住んでいる人は左から2番目にいる
  せとうち　す　ひと　ひだり　ばんめ

- □ ⑦ まいちゃんは下関に住んでいる人のとなり
  しものせき　す　ひと

- □ ⑧ 琴を好きな人は呉に住んでいる人のとなり
  こと　す　ひと　くれ　す　ひと

鳥取には「鳥取砂丘」という大きい砂丘
とっとり　とっとりさきゅう　おお　さきゅう
があるんじゃ。その広さは東京ドーム約
ひろ　とうきょう　やく
117個分もあるんじゃよ。
こぶん

21	左 （ひだり）	―	真ん中 （ま）（なか）	―	右 （みぎ）
名前 （な まえ）					
好きな 和楽器 （す）（わ が っ き）					
住んでいる街 （す）（まち）					

答え（こた）_____

メモ　問題を解くときに使ってね（もんだい）（と）（つか）

問題 22 出雲に住んでいる人はだれ？

月　日

チェック　ヒント

- ☐ ① レバーを好きなのはけんじくん
- ☐ ② 岡山に住んでいるのはごうきくん
- ☐ ③ ハラミを好きな人はみつひろくんの左どなり
- ☐ ④ ロースを好きな人は左端にいる
- ☐ ⑤ ハラミを好きな人はカルビを好きな人の右どなり
- ☐ ⑥ タンを好きな人は尾道に住んでいる
- ☐ ⑦ じゅんいちくんは右から2番目にいる
- ☐ ⑧ 萩に住んでいる人は出雲に住んでいる人より左
- ☐ ⑨ しんたろうくんは米子に住んでいる人の3つとなり

「出雲大社」で有名な出雲は島根県にあるんじゃぞ。ちなみに県庁所在地は松江なんじゃよ。

22	左 _{ひだり}	－	真ん中 _{ま なか}	－	右 _{みぎ}
名前 _{な まえ}					
好きな焼肉 _{す やきにく}					
住んでいる街 _{す まち}					

答え
_{こた} _____

メモ 問題を解くときに使ってね
_{もんだい と つか}

問題 23 隠岐の島に住んでいる人はだれ？

月　日

チェック　ヒント

☐ ① 博物館を好きな人はあゆみちゃんの3つとなり

☐ ② 図書館を好きなのはゆきちゃん

☐ ③ 水族館を好きな人はさらちゃんの3つ右

☐ ④ まことちゃんは山口に住んでいる人のとなり

☐ ⑤ あゆみちゃんはさらちゃんの2つ右

☐ ⑥ 美術館を好きな人は倉敷に住んでいる人の右どなり

☐ ⑦ 三次に住んでいる人はかりんちゃんの右どなり

☐ ⑧ 映画館を好きな人は境港に住んでいる人の左どなり

これは難問じゃな。はじめはヒント①と③と⑤をいっしょに考えてくれい。ほかにも同時に考えるヒントがあるぞい。

23	左 ひだり	－	真ん中 ま なか	－	右 みぎ
名前 な まえ					
好きな場所 す ば しょ					
住んでいる街 す まち					

答え
こた

メモ 問題を解くときに使ってね
もんだい と つか

問題 24 広島に住んでいる人はだれ？

もんだい　ひろしま　す　ひと

月　日
がつ　にち

チェック　ヒント

☐ ① もときくんはえいじくんより右
みぎ

☐ ② ドライヤーを好きな人は広島に住んでいる
す　ひと　ひろしま　す

☐ ③ ビデオを好きな人は雲南に住んでいる
す　ひと　うんなん　す

☐ ④ テレビを好きなのはよしかずくん
す

☐ ⑤ 松江に住んでいる人は広島に住んでいる人の左どなり
まつえ　す　ひと　ひろしま　す　ひと　ひだり

☐ ⑥ 岩国に住んでいる人は右から2番目にいる
いわくに　す　ひと　みぎ　ばんめ

☐ ⑦ ポットを好きな人はかいとくんの左どなり
す　ひと　ひだり

☐ ⑧ エアコンを好きな人は真ん中にいる
す　ひと　ま　なか

☐ ⑨ さとしくんは倉吉に住んでいる人の右どなり
くらよし　す　ひと　みぎ

「広島風お好み焼き」は、大阪のお好み焼
ひろしまふう　この　や　おおさか　この　や
きと比べて生地が薄く、キャベツとソバ
くら　きじ　うす
がメインなのが特徴じゃ。
とくちょう

24	左 ひだり	―	真ん中 ま　なか	―	右 みぎ
名前 な まえ					
好きな家電 す　　か でん					
住んでいる街 す　　　まち					

答え
こた

メモ　問題を解くときに使ってね
　　　もんだい　と　　　　　つか

またまた時代識別マシンの登場じゃ。
今度は5つのお椀の時代を当ててほしいんじゃ。
ちょっと難しいかもしれんが、みんなならできるはずじゃ。

問題	奈良時代	平安時代	鎌倉時代	室町時代	江戸時代	一致した数
①	ツ	ト	テ	チ	タ	3個
②	ツ	ト	タ	チ	テ	1個
③	タ	ト	ツ	チ	テ	0個

解答欄	奈良時代	平安時代	鎌倉時代	室町時代	江戸時代

解答は106ページへ

7

Step
ステップ

四国地方に住んでいるお友達編

問題 **25** かおりちゃんの
住んでいる街は？

月　日

チェック　ヒント

☐ ① 『桜』を好きな人はホワイトのハンカチの人の左どなり

☐ ② 『杉』を好きな人はグリーンのハンカチ

☐ ③ 丸亀に住んでいる人は高知に住んでいる人の2つとなり

☐ ④ 阿波に住んでいる人はピンクのハンカチの人の左どなり

☐ ⑤ 『柿』を好きな人はるみちゃんの2つとなり

☐ ⑥ 高知に住んでいる人は小豆島に住んでいる人の2つ左

☐ ⑦ こずえちゃんはあゆちゃんの左どなり

☐ ⑧ 『桃』を好きな人はみさちゃんの右どなり

☐ ⑨ ブルーのハンカチの人は新居浜に住んでいる人の左どなり

☐ ⑩ 『松』を好きな人はイエローのハンカチの人の3つ右

ヒント③と⑥、ヒント④と⑨はいっしょに
考えるんじゃぞ。ほかにもセットで考える
ヒントがあるので注意してくれい。

25	左	−	真ん中	−	右
名前					
好きな 桜 木の漢字					
ハンカチの色					
住んでいる街					

答え _____

メモ　問題を解くときに使ってね

問題 26 ゆうとくんの なりたい職業は？

月 日

チェック ヒント

☐ ① 『狐』を好きな人は『猫』を好きな人の3つ右

☐ ② 鳴門に住んでいる人は松山に住んでいる人の3つ左

☐ ③ 『猪』を好きな人は『狼』を好きな人の右どなり

☐ ④ もとやくんはさぬきに住んでいる

☐ ⑤ 『猿』を好きな人はエンジニアになりたい人の左どなり

☐ ⑥ だいちくんは安芸に住んでいる人の左どなり

☐ ⑦ しょうくんはだいちくんより左

☐ ⑧ コックになりたい人はモデルになりたい人の左どなり

☐ ⑨ ふゆひこくんは土佐に住んでいる人の4つ右

☐ ⑩ パイロットになりたい人はタレントになりたい人の2つ右

香川は高松、愛媛は松山が県庁所在地じゃ。2つとも「松」が付くから間違えやすいんじゃ。注意してくれい。

26	左 ひだり	－	真ん中 ま なか	－	右 みぎ
名前 な まえ					
好きな す　猫 犭 の漢字 けものへん					
なりたい 職業 しょくぎょう					
住んでいる街 す　　　まち					

答え
こた　　

メモ　問題を解くときに使ってね
　　　もんだい　と　　　　　つか

問題 **27** 『蛙』という漢字を
好きな人はだれ？

月　日

チェック　ヒント

☐ ① るいちゃんは高松に住んでいる人の3つとなり

☐ ② 保育士になりたい人は医師になりたい人の3つ左

☐ ③ 『虻』を好きな人は『蛍』を好きな人の3つ右

☐ ④ やよいちゃんは宇和島に住んでいる人より左

☐ ⑤ 美容師になりたい人は弁護士になりたい人の2つ左

☐ ⑥ 『蛙』を好きな人は『蜂』を好きな人より右

☐ ⑦ あみちゃんは四万十に住んでいる人の3つ左

☐ ⑧ 『蚊』を好きな人は看護師になりたい人の2つ右

☐ ⑨ 観音寺に住んでいる人は吉野川に住んでいる人の4つ右

☐ ⑩ はるみちゃんはみきちゃんより左

香川は日本で一番面積が狭い県なんじゃ。一番大きい北海道の中に、香川は約45個入ってしまうんじゃ!!

27	左 _{ひだり}	―	真ん中 _{ま　なか}	―	右 _{みぎ}
名前 _{な まえ}					
好きな _す 虫 の漢字 _{むしへん} 蛙					
なりたい 職業 _{しょくぎょう}					
住んでいる街 _す　　　_{まち}					

答え
_{こた}

メモ　問題を解くときに使ってね
_{もんだい} _と _{つか}

問題 28 ごろうくんの住んでいる街は？

月　日

チェック　ヒント

- ① 『鮫』を好きなのはえつじくん
- ② 『鮭』を好きな人は坂出に住んでいる人の3つ左
- ③ 今治に住んでいる人はグレーの鞄の人の左どなり
- ④ パープルの鞄の人はブラックの鞄の人の2つ左
- ⑤ 徳島に住んでいる人はブラックの鞄
- ⑥ オレンジの鞄の人はレッドの鞄の人の2つ右
- ⑦ 『鯨』を好きな人はしゅんくんの右どなり
- ⑧ 『鯛』を好きな人は室戸に住んでいる人のとなり
- ⑨ はるきくんはわたるくんの左どなり
- ⑩ 『鯉』を好きな人は阿南に住んでいる

はじめは鞄の色が書いてあるヒントを使ったほうがいいみたいじゃぞ。ズバリ③〜⑥をいっしょに考えるんじゃ。

28	左 ひだり	ー	真ん中 まなか	ー	右 みぎ
名前 なまえ					
好きな す 魚 の漢字 さかなへん 鯉					
鞄の色 かばん いろ					
住んでいる街 す まち					

答え こた _____

メ モ 問題を解くときに使ってね もんだい と つか

迷路 ④

最後の迷路の問題じゃ。

これはなかなか難しいぞい。

３つのルールはいままでと同じ。

一回でうまくゴールできた人は、花丸じゃ！

S → スタート

G → ゴール

グ → グー

チ → チョキ

パ → パー

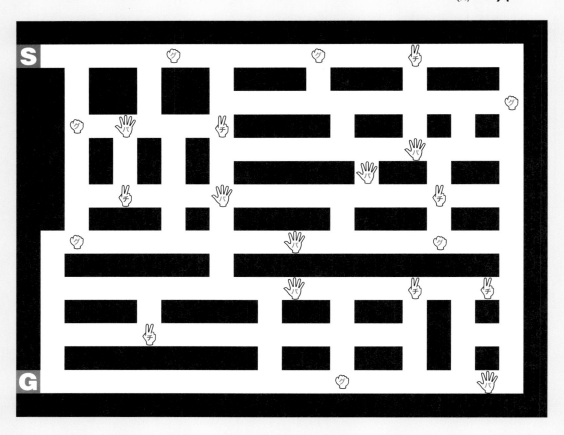

解答は 107 ページへ

8

Step
ステップ

九州・沖縄地方に住んでいるお友達編

問題 **29** いちごちゃんの
住んでいる街は？

月 日

チェック ヒント

- ① 長崎に住んでいる人はすみれちゃんの2つとなり
- ② 別府に住んでいる人は熊本に住んでいる人の3つ右
- ③ ボールペンはハサミの5倍の値段
- ④ ノートはコンパスの2倍の値段
- ⑤ けいちゃんはまりかちゃんの右どなり
- ⑥ ファイルはハサミの2倍の値段
- ⑦ ボールペンは500円
- ⑧ 大宰府に住んでいる人はノートを買った
- ⑨ コンパスは150円
- ⑩ えみちゃんは那覇に住んでいる人の右どなり

いよいよラスト4問。ここからは難しいぞい。値段の高いもののほうが左に入るので、それもヒントにしてくれい。

29	高い たか 左 ひだり	－	真ん中 ま なか	－	安い やす 右 みぎ
名前 な まえ					
買った文房具 か ぶんぼうぐ ✂					
値段 ね だん ⑩⑩ ⑤⑩⑩					
住んで す いる街 まち					

答え こた

メモ 問題を解くときに使ってね もんだい と つか

問題 31 鳥栖に住んでいる人はだれ？

月　日

チェック　ヒント

☐ ① 鳥栖に住んでいる人は日南に住んでいる人の2つ右

☐ ② 福岡に住んでいる人はほなみちゃんの左どなり

☐ ③ スリッパはサンダルの2倍の値段

☐ ④ ブーツはパンプスの2倍の値段

☐ ⑤ スリッパはサンダルより1000円高い

☐ ⑥ スニーカーはスリッパの3倍の値段

☐ ⑦ 6000円のものを欲しいのはみらいちゃん

☐ ⑧ パンプスはサンダルの4倍の値段

☐ ⑨ まきちゃんはえりかちゃんの左どなり

☐ ⑩ あすかちゃんは佐世保に住んでいる人の3つ左

☐ ⑪ 名護に住んでいる人は福岡に住んでいる人のとなり

日本の中で西のほうにある沖縄。夏至の日の出時刻は、北海道より2時間近く遅いんじゃ。

31	高い 左	－	真ん中	－	安い 右
 名前					
欲しいもの 					
値段 					
住んでいる街 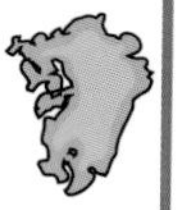					

答え _____

メモ　問題を解くときに使ってね

問題 **32** ひろしくんの
欲しいものの値段は？

月　日

チェック　ヒント

□ ① かずやくんは鹿児島に住んでいる

□ ② ただよしくんはしゅうとくんの2つ右

□ ③ パソコンは望遠鏡の2倍の値段

□ ④ パソコンは望遠鏡より10万円高い

□ ⑤ プリンターはパソコンの1/10の値段

□ ⑥ 電卓を欲しい人は佐賀に住んでいる人のとなり

□ ⑦ 久留米に住んでいる人は鹿児島に住んでいる人の2つ右

□ ⑧ 電子辞書は電卓より4万円高い

□ ⑨ 電卓は電子辞書の1/5の値段

□ ⑩ 宜野湾に住んでいる人は宮崎に住んでいる人の左どなり

□ ⑪ まさひろくんはひろしくんより左

沖縄は那覇が県庁所在地じゃ。都道府県
名と都道府県庁所在地が異なる18個は
すべて覚えられたかの？

32	高い 左	－	真ん中	－	安い 右
 名前					
欲しいもの 					
値段 					
住んでいる街 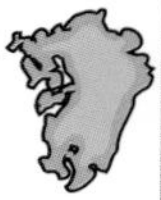					

答え _____

メモ　問題を解くときに使ってね

さて時代識別マシンの問題もこれが最後じゃ。
最後は年代物の花びんじゃ。
マシンの結果を頼りに５つの花びんの時代を当ててくれい。

問題	奈良時代	平安時代	鎌倉時代	室町時代	江戸時代	一致した数
①	ネ	ナ	ニ	ヌ	ノ	3個
②	ネ	ナ	ヌ	ニ	ノ	2個
③	ノ	ニ	ナ	ヌ	ネ	0個
④	ネ	ニ	ヌ	ナ	ノ	3個

解答欄	奈良時代	平安時代	鎌倉時代	室町時代	江戸時代

解答は107ページへ

Answer
かいとうへん
解答編

Answer かいとう

<ヒントの順番例>
①②③④⑤⑥問題文

答え
【みわちゃん】

①	左 ひだり	真ん中 まなか	右 みぎ
名前 なまえ	みわ	れん	はるな
好きな色 すきないろ	青 あお	白 しろ	緑 みどり
住んでいる街 すんでいるまち	函館 はこだて	室蘭 むろらん	札幌 さっぽろ

<ヒントの順番例>
②①③④⑤⑥問題文

答え
【クッキー】

②	左 ひだり	真ん中 まなか	右 みぎ
名前 なまえ	がく	たいが	じょう
好きなお菓子 すきなおかし	チョコ	エクレア	クッキー
住んでいる街 すんでいるまち	稚内 わっかない	根室 ねむろ	帯広 おびひろ

＜ヒントの順番例＞
①③②④⑤問題文

答え
【小樽】

3	左 ひだり	真ん中 まなか	右 みぎ
名前 なまえ	まる	ももか	さや
好きなフルーツ す	メロン	マンゴー	バナナ
住んでいる街 す　まち	釧路 くしろ	旭川 あさひかわ	小樽 おたる

＜ヒントの順番例＞
②③④①⑤⑥問題文

答え
【北見】

4	左 ひだり	真ん中 まなか	右 みぎ
名前 なまえ	みちお	せいじ	ようすけ
好きな動物 す　どうぶつ	ウマ	ラクダ	キリン
住んでいる街 す　まち	北見 きたみ	江別 えべつ	苫小牧 とまこまい

Answer かいとう

<ヒントの順番例>
①②③④⑤

答え
【青森】

5	左	真ん中	右
名前	あいり	よしみ	れい
好きな花	スズラン	ヒマワリ	パンジー
住んでいる街	郡山	能代	青森

<ヒントの順番例>
③④①②問題文

答え
【そうたくん】

6	左	真ん中	右
名前	まさお	そうた	かずし
好きな虫	キリギリス	コオロギ	バッタ
住んでいる街	山形	仙台	遠野

<ヒントの順番例>
③④①②問題文

答え
【みおちゃん】

⑦	左	真ん中	右
名前	まき	みお	しずか
好きなアクセサリー	ネックレス	ブローチ	ティアラ
住んでいる街	盛岡	米沢	福島

<ヒントの順番例>
⑤②③④①

答え
【じゅんくん】

⑧	左	真ん中	右
名前	じゅん	たくや	けんご
好きな車	トラック	バス	タクシー
住んでいる街	石巻	弘前	秋田

Answer かいとう

<ヒントの順番例>
②①⑦③⑤⑥④

答え
【千葉】

9	左	ー	ー	右
名前	りえ	わか	いりあ	くみ
好きなスポーツ	サッカー	ゴルフ	テニス	ラグビー
住んでいる街	千葉	水戸	さいたま	宇都宮

<ヒントの順番例>
⑤①②③⑥④問題文

答え
【まさきくん】

10	左	ー	ー	右
名前	けんた	じろう	よしと	まさき
好きな大工道具	のこぎり	かんな	のみ	かなづち
住んでいる街	横浜	鹿嶋	新宿	浦安

<ヒントの順番例>
⑤④①③⑥②問題文

答え
【すずちゃん】

11	左	―	―	右
名前	すず	たえ	ひみこ	まさみ
好きな季節	夏	冬	秋	春
住んでいる街	渋谷	前橋	川崎	柏

<ヒントの順番例>
⑤①④②③⑥問題文

答え
【こうきくん】

12	左	―	―	右
名前	たくま	こうき	げん	さぶろう
好きなお寿司	タマゴ	イクラ	エビ	マグロ
住んでいる街	日光	春日部	高崎	鎌倉

Answer かいとう

＜ヒントの順番例＞
【⑤＆②】③①④⑦⑥問題文

答え
【まやちゃん】

13	左	－	－	右
名前	めぐ	まや	さえこ	ひかる
身長	150cm	140cm	170cm	160cm
住んでいる街	熱海	甲府	加賀	新潟

＜ヒントの順番例＞
【①＆②＆③】④⑥⑤⑦問題文

答え
【みちおくん】

14	左	－	－	右
名前	みちお	あきひこ	ひさや	かずき
血液型	B型	O型	AB型	A型
住んでいる街	敦賀	富山	長野	名古屋

<ヒントの順番例>
【③＆①】②④⑤⑥問題文

答え
【8月】

15	左	ー	ー	右
名前	しほ	かな	らん	まりこ
生まれた月	2月	4月	12月	8月
住んでいる街	岐阜	佐渡	韮崎	福井

<ヒントの順番例>
③①②⑤⑥④問題文

答え
【こうぞうくん】

16	左	ー	ー	右
名前	こうぞう	れいじ	たくみ	かんじ
靴のサイズ	25cm	23cm	26cm	24cm
住んでいる街	豊田	静岡	金沢	上田

Answer かいとう

<ヒントの順番例>
⑥②③①④⑦⑧⑤問題文

答え
【まおちゃん】

17	左 ひだり	―	真ん中 まなか	―	右 みぎ
名前 なまえ	もえみ	ゆうこ	まお	すみ	てつこ
好きな星座 すきなせいざ	おうし座 ざ	おとめ座 ざ	かに座 ざ	いて座 ざ	うお座 ざ
住んでいる街 すんでいるまち	生駒 いこま	京都 きょうと	宝塚 たからづか	津 つ	吹田 すいた

<ヒントの順番例>
④⑦③①⑧②⑤⑥

答え
【宇治
うじ】

18	左 ひだり	―	真ん中 まなか	―	右 みぎ
名前 なまえ	いちろう	ごんぞう	ちはる	ようじ	すねお
好きな楽器 すきながっき	ピアノ	フルート	タンバリン	ハープ	カスタネット
住んでいる街 すんでいるまち	和歌山 わかやま	大津 おおつ	奈良 なら	鳥羽 とば	宇治 うじ

＜ヒントの順番例＞
【①＆②】④⑥⑥③⑧【⑦＆⑤】

答え
【まゆちゃん】

19	左 ひだり	ー	真ん中 まなか	ー	右 みぎ
名前 なまえ	あつこ	ひな	ともみ	ゆうか	まゆ
好きな勉強 すきなべんきょう	算数 さんすう	国語 こくご	理科 りか	社会 しゃかい	音楽 おんがく
住んでいる街 すんでいるまち	大阪 おおさか	新宮 しんぐう	伊勢 いせ	神戸 こうべ	彦根 ひこね

＜ヒントの順番例＞
【④＆⑦】⑤①⑧③⑥②問題文

答え
【日曜】

20	左 ひだり	ー	真ん中 まなか	ー	右 みぎ
名前 なまえ	なみへい	きたろう	のびた	こうじ	ちあき
好きな曜日 すきなようび	土曜 どよう	水曜 すいよう	日曜 にちよう	金曜 きんよう	月曜 げつよう
住んでいる街 すんでいるまち	淡路 あわじ	海南 かいなん	舞鶴 まいづる	堺 さかい	甲賀 こうか

Answer かいとう

＜ヒントの順番例＞
③⑥①②⑧④⑦⑤問題文

答え
【下関】

21	左（ひだり）	―	真ん中（まなか）	―	右（みぎ）
名前（なまえ）	ゆり	みさと	はるか	まい	みなみ
好きな和楽器（すきなわがっき）	太鼓（たいこ）	琴（こと）	笙（しょう）	尺八（しゃくはち）	三味線（しゃみせん）
住んでいる街（すんでいるまち）	鳥取（とっとり）	瀬戸内（せとうち）	呉（くれ）	安来（やすぎ）	下関（しものせき）

＜ヒントの順番例＞
④⑦【③＆⑤】①⑥⑨②⑧

答え
【けんじくん】

22	左（ひだり）	―	真ん中（まなか）	―	右（みぎ）
名前（なまえ）	しんたろう	けんじ	ごうき	じゅんいち	みつひろ
好きな焼肉（すきなやきにく）	ロース	レバー	カルビ	ハラミ	タン
住んでいる街（すんでいるまち）	萩（はぎ）	出雲（いずも）	岡山（おかやま）	米子（よなご）	尾道（おのみち）

<ヒントの順番例>
【③＆⑤＆①】②⑦④【⑥＆⑧】問題文

答え
【ゆきちゃん】

23	左	－	真ん中	－	右
名前	かりん	さら	ゆき	あゆみ	まこと
好きな場所	博物館	美術館	図書館	映画館	水族館
住んでいる街	倉敷	三次	隠岐の島	山口	境港

<ヒントの順番例>
⑥⑧【②＆⑤】③⑨④⑦①

答え
【えいじくん】

24	左	－	真ん中	－	右
名前	よしかず	えいじ	もとき	さとし	かいと
好きな家電	テレビ	ドライヤー	エアコン	ポット	ビデオ
住んでいる街	松江	広島	倉吉	岩国	雲南

Answer かいとう

<ヒントの順番例>
【⑥＆③】【④＆⑨】⑩【①＆②】⑧⑤⑦問題文

答え
【丸亀】

25	左	ー	真ん中	ー	右
名前	かおり	みさ	るみ	こずえ	あゆ
好きな木の漢字 桜	『柿』	『桜』	『桃』	『杉』	『松』
ハンカチの色	ブルー	イエロー	ホワイト	グリーン	ピンク
住んでいる街	丸亀	新居浜	高知	阿波	小豆島

<ヒントの順番例>
⑨②【①＆③＆⑤】【⑧＆⑩】【④＆⑥】⑦問題文

答え
【パイロット】

26	左	ー	真ん中	ー	右
名前	しょう	だいち	ゆうと	もとや	ふゆひこ
好きな犭の漢字 猫	『猿』	『猫』	『狼』	『猪』	『狐』
なりたい職業	タレント	エンジニア	パイロット	コック	モデル
住んでいる街	土佐	鳴門	安芸	さぬき	松山

＜ヒントの順番例＞
⑨⑦①④⑩【②＆⑤＆⑧】③⑥

答え
【はるみちゃん】

27	左 ひだり	―	真ん中 まなか	―	右 みぎ
名前 なまえ	あみ	やよい	はるみ	みき	るい
好きな 蛙 虫 の漢字	『蜂』はち	『蛍』ほたる	『蛙』かえる	『蚊』か	『虻』あぶ
なりたい 職業 しょくぎょう	保育士 ほいくし	看護師 かんごし	美容師 びようし	医師 いし	弁護士 べんごし
住んでいる街	吉野川 よしのがわ	高松 たかまつ	宇和島 うわじま	四万十 しまんと	観音寺 かんおんじ

＜ヒントの順番例＞
【④＆⑤＆⑥＆③】②⑩⑧【①＆⑦】⑨問題文 もんだいぶん

答え
【今治】いまばり

28	左 ひだり	―	真ん中 まなか	―	右 みぎ
名前 なまえ	はるき	わたる	しゅん	ごろう	えつじ
好きな 鯉 魚 の漢字	『鯉』こい	『鮭』さけ	『鯛』たい	『鯨』くじら	『鮫』さめ
鞄の色 かばんいろ	パープル	レッド	ブラック	オレンジ	グレー
住んでいる街	阿南 あなん	室戸 むろと	徳島 とくしま	今治 いまばり	坂出 さかいで

Answer かいとう

<ヒントの順番例>
【⑦＆③＆⑥＆⑨＆④】⑧②⑩①⑤問題文

答え
【長崎】

29	高い 左	ー	真ん中	ー	安い 右
名前	まりか	けい	すみれ	えみ	いちご
買った文房具	ボールペン	ノート	ファイル	コンパス	ハサミ
値段	500円	300円	200円	150円	100円
住んでいる街	熊本	大宰府	那覇	別府	長崎

<ヒントの順番例>
【③＆⑥＆⑦＆⑨＆④＆⑩＆②＆①＆⑤＆⑧】

答え
【6000円】

30	高い 左	ー	真ん中	ー	安い 右
名前	まるお	ゆうや	じん	かいや	たいち
買った野球用具	グローブ	スパイク	ヘルメット	バット	ボール
値段	6000円	5000円	3000円	2000円	500円
住んでいる街	島原	指宿	大分	伊万里	阿蘇

＜ヒントの順番例＞
【③＆⑤＆⑥＆⑧＆④】⑦⑩【①＆⑪＆②】⑨

答え
【えりかちゃん】

31	高い 左	―	真ん中	―	安い 右
名前	あすか	みらい	ほなみ	まき	えりか
欲しいもの	ブーツ	スニーカー	パンプス	スリッパ	サンダル
値段	8000円	6000円	4000円	2000円	1000円
住んでいる街	名護	福岡	日南	佐世保	鳥栖

＜ヒントの順番例＞
【③＆④＆⑤＆⑧＆⑨】⑥【⑦＆⑩】①②⑪

答え
【1万円】

32	高い 左	―	真ん中	―	安い 右
名前	まさひろ	しゅうと	かずや	ただよし	ひろし
欲しいもの	パソコン	望遠鏡	電子辞書	プリンター	電卓
値段	20万円	10万円	5万円	2万円	1万円
住んでいる街	宜野湾	宮崎	鹿児島	佐賀	久留米

ミニ問題① 迷路① 問題 016 ページ

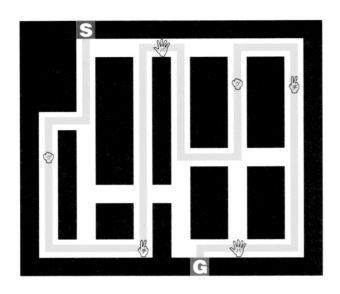

ミニ問題② 正しく並び替えてみよう① 問題 026 ページ

奈良時代	平安時代	鎌倉時代	室町時代
キ	ケ	ク	カ

ミニ問題③ 　迷路②　　問題 **036** ページ

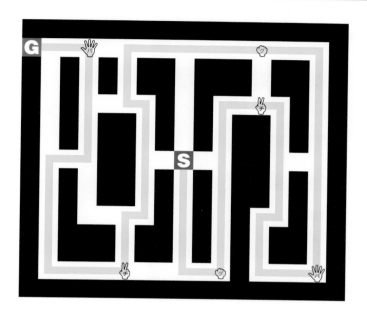

ミニ問題④ 　正しく並び替えてみよう②　　問題 **046** ページ

奈良時代 ならじだい	平安時代 へいあんじだい	鎌倉時代 かまくらじだい	室町時代 むろまちじだい
サ	セ	シ	ス

ミニ問題⑤　迷路③　問題 056 ページ

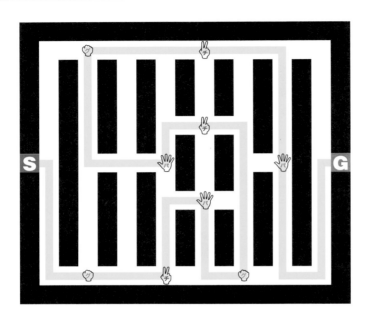

ミニ問題⑥　正しく並び替えてみよう③　問題 066 ページ

奈良時代	平安時代	鎌倉時代	室町時代	江戸時代
ツ	チ	テ	ト	タ

ミニ問題⑦ 　迷路④ 　問題 076 ページ

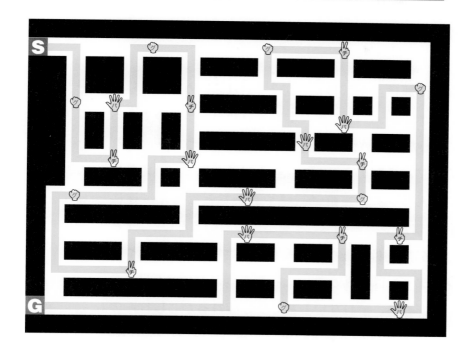

ミニ問題⑧ 　正しく並び替えてみよう④ 　問題 086 ページ

奈良時代	平安時代	鎌倉時代	室町時代	江戸時代
ネ	ヌ	ニ	ナ	ノ

みんな、問題は全部解けたかの？「やりはじめたばかりは
うまく解けなかったけれど、慣れてきたらスラスラできる
ようになった」というお友達も少なくないようじゃ。それ
は頭の中にある脳のうち、「左脳」というところが鍛えられ
たからなんじゃよ。左脳は言葉や計算などを考え、逆に
「右脳」は音声や芸術的なことを担当しているんじゃ。そし
てこの本の問題は左脳を使うんじゃ。さて、これからやる
サークルアインはなんと左脳と右脳を同時に使うドリルな
んじゃ。だから、慣れないうちは少し疲れるかもしれんの。
でも、このサークルアインが解けるようになったらきっと
みんなの右脳もパワーアップしとるはずじゃ!!

とくべつしゅうろく
特別収録

サークルアイン

Circle Einstein

Circle Einstein
サークルアインの遊び方

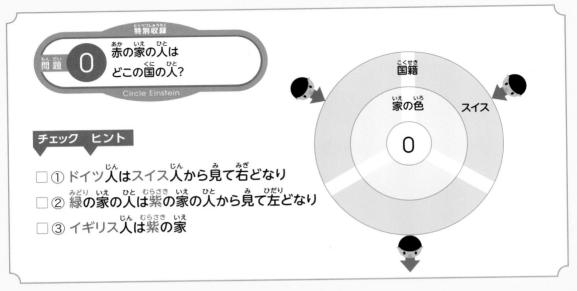

特別収録

問題 **0** 赤の家の人は
どこの国の人？

Circle Einstein

チェック　ヒント

- □ ① ドイツ人はスイス人から見て右どなり
- □ ② 緑の家の人は紫の家の人から見て左どなり
- □ ③ イギリス人は紫の家

国籍
家の色
0
スイス

はじめに、ヒント①より、スイス人は内側
を向いているので、右どなりとなるこの
位置にドイツ人を入れます（サークルの
枠の中には色字の部分のみ入れます）。

国籍
ドイツ　家の色　スイス
1

次に、ヒント③より、国籍と家の色の組
み合わせが入るのは図の下の枠だけなの
で、イギリス人と紫の家をそれぞれの枠
に入れます。

国籍
ドイツ　家の色　スイス
2
紫
イギリス

次に、ヒント②より、紫の家の人は外側を向いているので、左どなりとなるこの位置に緑の家を入れます。

最後は問題文に注目します。赤の家が入る枠は図の左上しかありません。よって、この位置に赤の家を入れます。

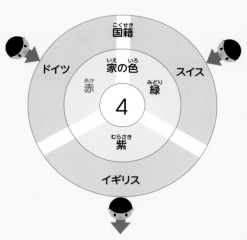

以上の結果から、答えは【ドイツ】ということになります。

茶の着物の人はだれ？

問題 **1**

Circle Einstein

チェック ヒント

☐ ① もなかを食べたのはケント

☐ ② どらやきを食べた人はもなかを食べた人から見て右どなり

☐ ③ だんごを食べた人は黒の着物

☐ ④ 紺の着物の人は黒の着物の人から見て左どなり

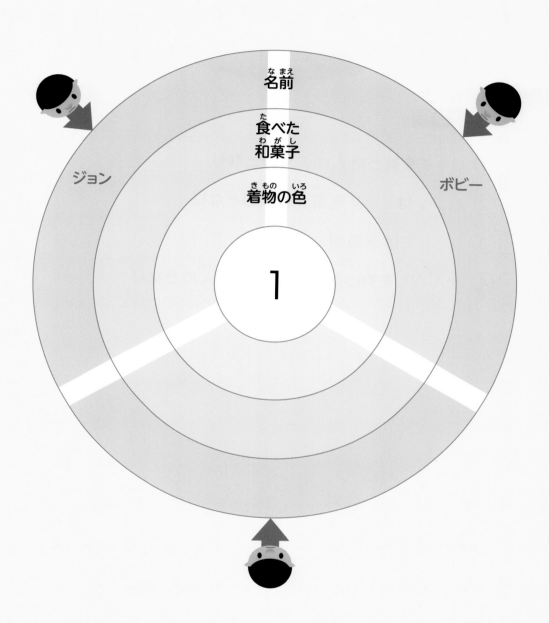

名前

食べた
和菓子

着物の色

1

ジョン

ボビー

答え
_____

問題 2 黄の箸の人が買った装飾品は？

Circle Einstein

チェック　ヒント

☐ ① じゅずを買った人はエマのとなり

☐ ② ハンナはじゅずを買った人のとなり

☐ ③ ジュリアは赤の箸

☐ ④ かんざしを買った人は緑の箸の人のとなり

名前

買った
装飾品

箸の色

まがたま

2

エマ

答え

問題 3 けんだまをやった人はだれ？

Circle Einstein

チェック ヒント

- ① デビッドはトムから見て右どなり
- ② デビッドは社会が得意
- ③ 音楽が得意な人は体育が得意な人から見て左どなり
- ④ たけうまをやった人は体育が得意な人から見て右どなり
- ⑤ おてだまをやった人はけんだまをやった人から見て左どなり

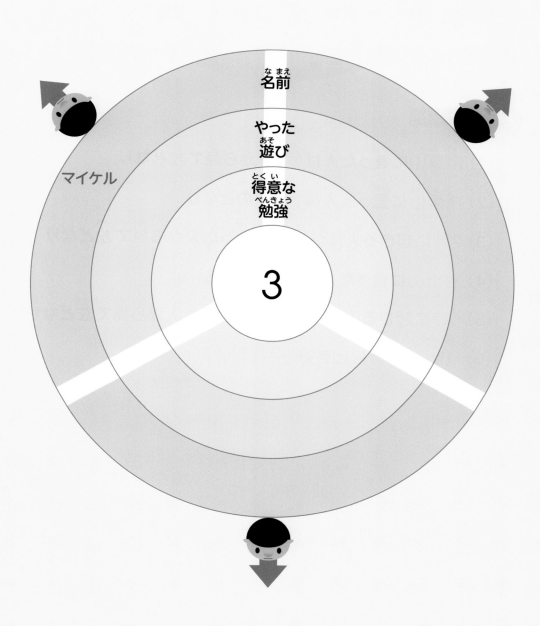

名前

やった
遊び

得意な
勉強

マイケル

3

答え
_____

問題 **4** ソフィアの登った山は？

Circle Einstein

チェック　ヒント

☐ ① 阿蘇山に登った人はケイトから見て左どなり

☐ ② 浅間山に登った人はナタリのとなり

☐ ③ 7時に起きる人は浅間山に登った人から見て左どなり

☐ ④ 富士山に登った人は5時に起きる

☐ ⑤ 6時に起きる人は八甲田山に登った人から見て左どなり

☐ ⑥ リリィは8時に起きる

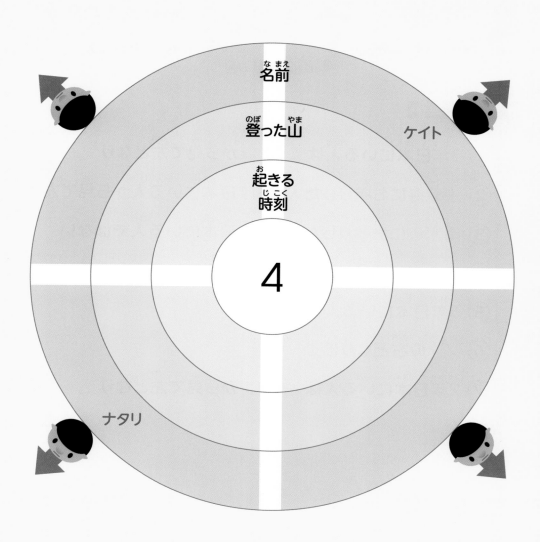

名前

登った山

起きる
時刻

4

ケイト

ナタリ

答え
_____

問題 5 1年日本にいる人はだれ？

Circle Einstein

チェック　ヒント

- ☐ ① 3年日本にいる人はライアンから見て左どなり
- ☐ ② 浅草寺にお参りした人は3年日本にいる人から見て左どなり
- ☐ ③ 清水寺にお参りした人は3年日本にいる人ではない
- ☐ ④ 東大寺にお参りした人は6年日本にいる人から見て左どなり
- ☐ ⑤ 6年日本にいる人はノア
- ☐ ⑥ ノアの右どなりはイーサン
- ☐ ⑦ 2年日本にいる人はメイソンから見て左どなり

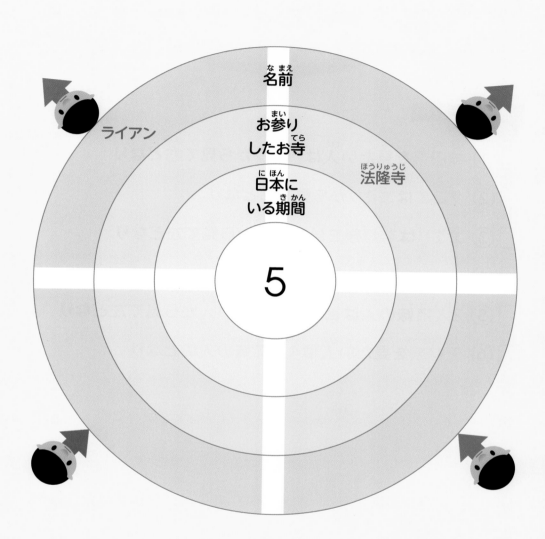

名前

お参り
したお寺

日本に
いる期間

5

ライアン

法隆寺

答え
_____

問題 6 3人姉妹の人が見たいお祭りは？

Circle Einstein

チェック　ヒント

☐ ① 神田祭を見たい人はヘレンから見て右どなり

☐ ② クロエはエミリから見て右どなり

☐ ③ エミリは竿灯祭を見たい人から見て左どなり

☐ ④ リアは5人姉妹

☐ ⑤ 2人姉妹の人は祇園祭を見たい人から見て左どなり

☐ ⑥ 天神祭を見たい人は4人姉妹の人のとなり

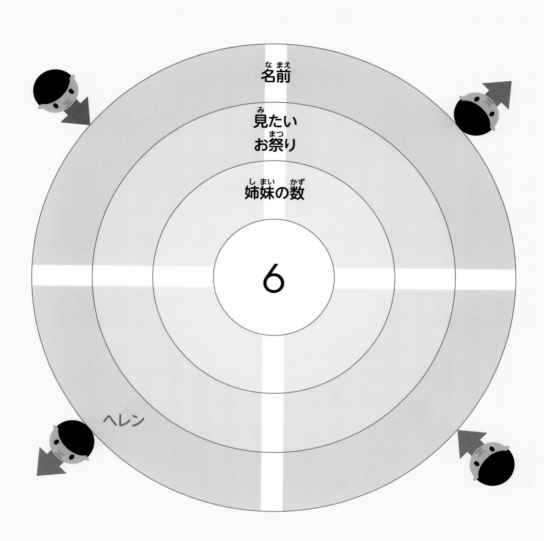

名前
見たい
お祭り
姉妹の数

6

ヘレン

答え

_____

名前
食べた和菓子
着物の色

ジョン　　　　　ボビー

だんご　　　　　どらやき

黒　　　　　　紺

1

茶

もなか

ケント

＜ヒントの順番例＞
①②③④問題文

答え　　　ケント

名前
買った装飾品
箸の色

ハンナ　　　　　ジュリア

まがたま　　　　じゅず

緑　　　　　　赤

2

黄

かんざし

エマ

＜ヒントの順番例＞
①②③④問題文

答え　　　かんざし

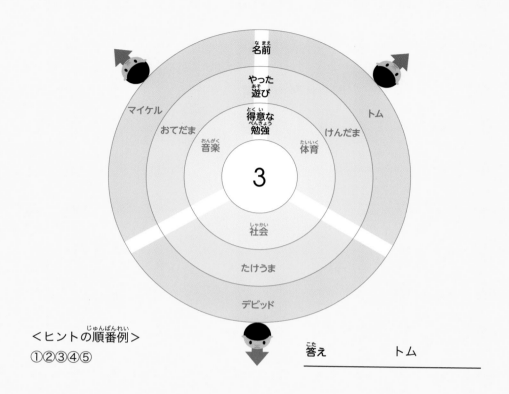

<ヒントの順番例>
①②③④⑤

答え　　　　トム

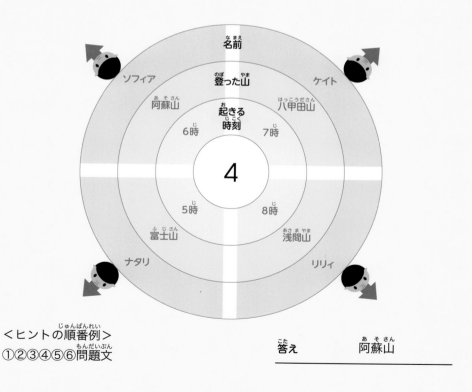

<ヒントの順番例>
①②③④⑤⑥問題文

答え　　　　阿蘇山

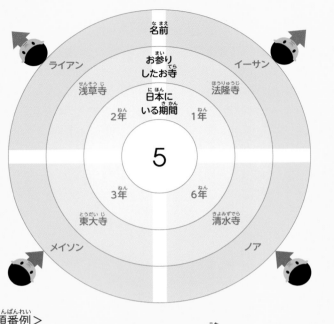

<ヒントの順番例>
①②③【④＆⑤】⑥⑦問題文

答え　　　イーサン

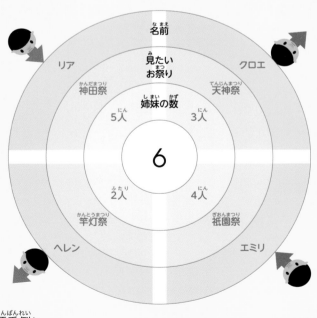

<ヒントの順番例>
①【②＆③】④⑤⑥問題文

答え　　　天神祭

Staff

【 構　成 】

空伝妥模四

【 装丁・本文デザイン・キャラクターデザイン 】

渡川光二

【 イラスト 】

アカハナドラゴン

【 Special Thanks 】

シモダユウスケ　タカハシ ヨウ　古都枝茂子

※本書は 2013 年に刊行された『考える力を伸ばす！ アインシュタイン式子供の論理脳ドリル』（東邦出版）を、新装版として再刊行したものです。

新装版　考える力を伸ばす！アインシュタイン式　子どもの論理脳ドリル

2021 年 9 月 28 日　初版第 1 刷発行

編　者　　アインシュタイン研究会
発行者　　岩野裕一
発行所　　株式会社 実業之日本社
　　　　　〒 107-0062
　　　　　東京都港区南青山 5-4-30
　　　　　CoSTUME NATIONAL Aoyama Complex 2F
　　　　　電話 03-6809-0495 （編集／販売）
　　　　　https://www.j-n.co.jp/

印刷・製本　大日本印刷株式会社